JN409417

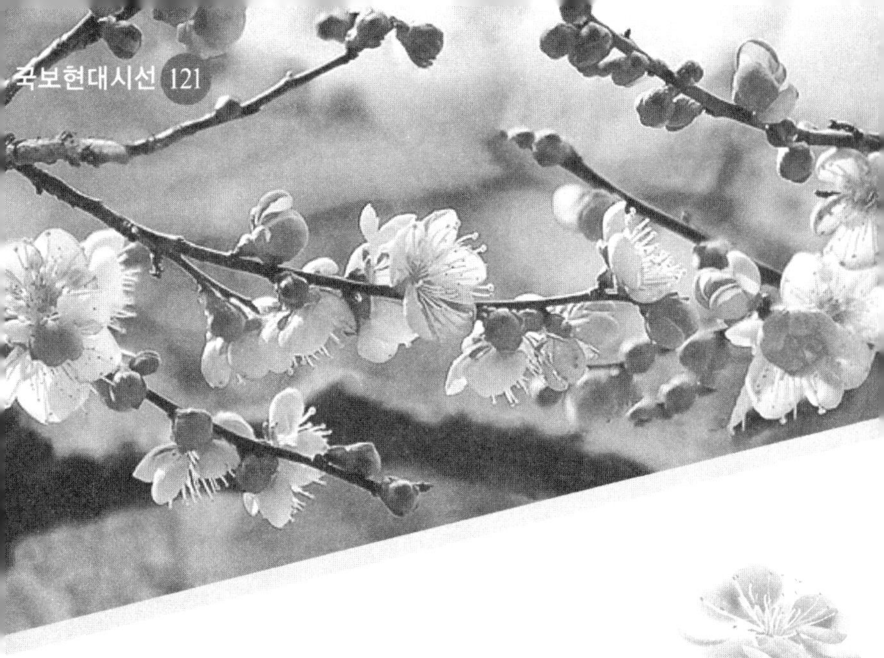

국보현대시선 121

매화나무 그늘에서

홍대식 시집

시가 우리의 뿌리문학이며 우리의 성정 밑바닥에는 알게 모르게 그 전통성에 접해 있기 때문이다. 사람은 자신의 뿌리를 모르고 근본이 바로 섰다 말할 수 없다.그래서 글을 쓸 때 우리문학의 이론적 배경을 알고 쓰는 것과 모르고 쓰는 것은 천양지차다. 향가에 그 뿌리를 두고 있는 시는 이 시대의 현대시인들이 법고창신(法古創新)의 정신으로 이어 받아야 할 훌륭한 전통 문화유산이다.

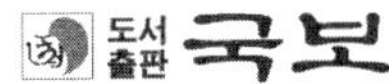

매화나무 그늘에서

초판 인쇄 2013년 9월 07일
초판 발행 2013년 9월 14일

지은이 홍대식 **펴낸이** 임수홍
편 집 채영주 **디자인** 최정숙 · 김정숙

발행처 도서출판 국보
주소 서울시 강동구 길동 395-3 2층
전화 02-476-2757~8, 7260 **FAX** 02-476-2759
카페 http://cafe.daum.net/lsh19577
E-mail kbmh11@hanmail.net

값 9,000원

ISBN 978-89-93533-54-5 03800

이 도서의 국립중앙도서관 출판시도서목록(CIP)은
서지정보유통지원시스템 홈페이지(http://seoji.nl.go.kr)와
국가자료공동목록시스템(http://www.nl.go.kr/kolisnet)에서
이용하실 수 있습니다.(CIP제어번호: CIP2013017085)

첫 시집을 내며..

꽃이 피고, 새가 울며, 바람 불고, 눈이 오면 계절이 변함을 우리들은 알고 있습니다.

자연의 순리를 따라 계절의 변화함에서 인간은 인생과 세월의 흐름을 함께 자연스럽게 배우며 살아 가는 거지요.

희노애락을 느끼고 살아 가면서 그중 기쁨을 노래하고 즐거움을 전하는 것이 바로 시의 역할이 아닐까 생각해 봅니다.

어린 유년기의 가난하던 시절을 보내고, 청소년기의 문학에 대한 열정적인 탐구의 목마름에 학창 시절을 보내면서 책을 통하여 시인과 수필가, 소설가가 되었으면 하는 막연한 동경과 꿈을 안고 지내던 문학의 열정을 가슴에 묻어 둔채 가정을 꾸리며 가족의 생계와 호구지책을 위한 직장생활에 쫒기어 문학에 대한 꿈을 잊어 버리고 지낸 지난 시절의 안타까움과 인생에 대한 외로움과 공허감을 느낄즈음..

매화꽃이 필때면 오랜 병상에서 고생을 하시다 떠나가신 어머니의 하얀 머리결이 생각이 나고 그 꽃이 질때면 효도 한번 제대로 하지 못한채 보내드린 자식의 마음이 많이도 에리고 아파하며 남 모를 속내에 그늘로 숨어 보는 못난 자식이였기에 가슴에 새겨 두었던 꿈을 다시금 꺼내어 이제서야 그 지난 시절을 되 돌아 보고 아쉬움과 그리움,그리고 고뇌에서 느꼈던 글들을 하나둘 모아 갈증을 풀어내 본 부끄러운 작품집을 만들어 보았습니다.

인생의 계절 변화는 꽃몽우리 피는 유년기, 새가 우는 학창 시절, 바람 부는 장년기에 눈이 오는 중년의 시기를 거쳐 우리는 아마 안식을 위한 노년으로 끊임 없이 세월을 따라 변해 가는 거라 말할 수 있을 겁니다.

인생과 삶의 절정에 이른 시기지만 나이가 들어감을 후회하지 않토록 더 늦기전에 "마음에서 마음으로 전해지는(以心傳心)" 글을 쓰고자 시를 습작을 하였으며 다행으로 월간 국보문학 신인상에 응모하여 임수홍 회장님과 김용오 선생님의 천거로 때늦은 문학의 길에 들어서서 가슴 깊이 묻어 두었던 시인의 꿈을 이루게 되었으며 이제 첫 시집을 상재하게 됨에 깊은 감사를 드립니다.

모든 사랑하는 사람(독자)들에게 말하고 싶습니다.

꿈과 희망은 언제나 여러분의 노력과 열정으로 이루어 질수 있으며 또한 커다란 이상은 좋은글과 많은 책을 가까이 함으로써 각자의 인생이란 삶의 뿌리에 밑거름과 양분이 되어 계절의 변화와 모진 비바람속의 고통과 시련을 이겨낼 수 있는 거목으로 자라나게 해주리라는 것을 믿기 바랍니다.

2013. 9.

모악 북쪽 연희 방에서

제1부 매화나무 그늘에서

제2부 아메리카노 향

제3부 내일이면 늦으리

제4부 시간속의 향기

제5부 사랑 그 쓸쓸함에 대하여

제1부

매화나무 그늘에서

장 미

당당하게 울타리 넘어
붉은 얼굴 내미는 가시가 아프다

신의 손길처럼 부드럽게
안아 주고 싶어도 거부의 창을 세우는

의미는 정열이라 사랑의 징표로
연인에게 전하는 최고의 선물이지만

꿈속에서의 아름다움 끝으로
찢어지는 비명으로 고통을 참아내는 나

하늘바다

하늘은 상상의 마당이라
구름으로 양을 만들고, 새를 만들고
풍덩 뛰어 들고픈 바다를 만든다

늘어진 세월이 가련한 연민이라면
하늘의 푸르름은 찬란한 청춘이였기에
사랑의 그리움을 담아 주었지

바다를 헤엄치는 물고기들의 자유로움과
하늘을 날으는 새들의 자유로움은
인간 내면에 끊임없는 욕망의 로맨스였기에

다시 또 별동별 지는 하늘을 보며
바다를 그리워하는 심연의 자조 속에
나 또한 하늘바다에서 유영을 하노라.

매화나무 그늘에서

매화가 피어날 때면
나는 그리움에 빠져든다
오랜 세월 속에서도...

화사한 꽃모습에서
어렴풋이 떠오르는 얼굴하나
지금은 볼 수가 없기에

나의 사랑과 아픔을 함께
가지고 훨훨 나비처럼 떠나버린
백발의 고운 모습이

무디어지는 삶의 진통에도
이맘때면 울컥
가슴을 모지게도 시리게 하시던 어머니

그 모습 애달파
하염없이 바라보는 하늘가

늘어지는 가슴앓이는
다져지는 슬픈 눈물로 흘러내리고

에이듯 보고픔에
매화나무 그늘 아래로 숨어 본다

서러운 마음 두고 가시는 걸음이
자식을 보고파서 어이 발길이 떨어지셨는지…

그대가

그리워하던 님이시여!
그 어딘가에서 나를 기다려 주시려거든
반가운 햇살 가득한 미소로 반겨 주소서

대처에 온기로 마음을 녹이고
미련하리 만큼 사랑을 주시던 님이시여!
가슴 벅찬 희열로 당신께 가옵니다

가득가득 심어 놓은 당신의 사랑
받기만 하고 줄지도 모르는 이기심에
이렇게 당신이 가버린 지금 용서를 비나이다.

개나리 처녀

개울가에 휘 늘어진 버들가지는
봄이 가는 세월에 허리 휘고
햇살 가득 고운 미소는 처녀의 심금을 울리나니

나물 캐는 바구니엔 춘심을 담았는가
나풀나풀 나비 쫓아 사랑을 탐을 내네

이별이 무언지도 모르는 젊음시절
꿈을 찾아 별을 따다 준다던 약속에
수줍은 두 볼은 앵두 빛으로 물들이고

처음으로 다가선 두 입술엔
잔잔한 심연에 파문을 일으키던
심장의 고동소리에 두 눈을 감아버린

여울진 강가에 석양 노을이 져도
마주 잡은 두 손은 놓을지 모르고
밤하늘에 떠 있는 빛나던 별 헤는 밤이
꺼지지 않은 촛불의 사랑이었음을…

비가 내리면

비 오는 날에는
지붕 위에도
거리의 나뭇잎에도
외로움이 내려앉는다

가슴 한 켠에 재워 두었던
빛바랜 사진 한 장과
지난 추억을 꺼내어 보며
그리움에 젖어 지낸다

내면에 물들던 사랑도
벅찬 환희의 순간도
새벽 여명에 눈 뜨던 공간도
서서히 빗물에 희석되어 간다

이별이란
짧은 여행이길 바라고
새벽열차 입석을 끊고

창밖 어둠을 졸린 눈으로
그렇게 기약이 없는 시간 여행을 떠난다

면사포 하얀 순백의 사랑
정열이 불타는 장미빛 언약
그 모두가 이제는 한 점 시공간으로 사라지고
비 내리는 텅 빈 거리에 긴 그림자만 혼자 걷고 있다.

봄 꽃 지는 사월

봄의 화려한 외출
천지간 색동옷 입혀 놓았는데

꽃 봉우리 아픈 시련 잊고
새벽 찬 공기 아침이슬 머금고 햇님보네

지워지지 않는 자국마다
붉은 상념 찾아가나 서러움이 먼저 오고

는적인 가슴에는 님 떠나시던 날
버선발 동동 거리며 삼베적삼 눈물 적시우며

사월의 모진 상처 덧나듯이
산자의 가슴마다 넋두리 한 풀어 놓아

월만즉휴(月滿卽虧) 가는 세월
아쉬움만 두고 가는 사월의 꽃이시여

* 월만즉휴: 달도 차면 이지러진다는 뜻
무슨 일이든 성하면 쇠퇴하게 된다는 말

고향의 봄

고맙고 고마운 사람이여!
고운사랑 주시던 사람이여!
이제 진정 사랑했었다 고해성사를 드립니다

향수에 젖어 꿈꾸어지던
떠나온 고향이 너무나도 그리워
뻐꾸기 우는 산마루에 마음을 뉘여 봅니다

의연하게 고향 떠나 반세기를
모진 타향살이에 찌들던 인생살이도
이제 말없이 고이 뉘어 잠을 청하신 당신이기에

봄꽃들의 화사한 춤사위가
온 산과 들에 색동으로 물들이는 이맘때면
어김없이 찾아오는 시린 가슴앓이로
당신을 부르다 잠이 듭니다.

딸 바보

딸아이 하는 짓이 아직도 여리건만
어느새 자랐다고 제 세상 찾을 거라
여린 가지 바람 불어 홀씨 날려 떠나가 듯
머나먼 길 나서는데

바보애비 말도 못해
어디에 가더라도 조심하라 당부말도
숯 검댕이 가슴앓이 내 보일까 조바심에
안타까운 시선조차 외면하고

보란 듯이 잘 지내다 돌아올께요
당찬 작은 가슴 내밀어도
애비 눈에 보이는 건 아직도 첫 걸음마 뛰던
뒤뚱이는 아가 모습 일 뿐이건만...

파초의 꿈

파릇이 돋아나는 새싹
긴 긴 기다림에 피어나는
아픔과 시련 속에 피어난 사랑 같아

초로에 기다림으로 홀로 지내던
그리운 사람은 지나간 옛 추억인가?
이제 다시금 화사한 햇살에
고이 간직 했던 새로운 희망을 꺼내어 보네

의지하고 외면하기 어려웠던
슬픈 지나간 과거는 이제 잊어야 하겠지
떠나 보냈던 소중한 이름이여
이제 그 이름조차 다시 부르지 않으리라

꿈속으로 보고파 오신 당신은
하늘하늘 피어나는 아지랑이처럼
희미해지는 영상으로 피어 사라지고
이제는 새로이 다가와 고개 숙인 파초의 사랑담을 테요.

보리밭

보릿고개 넘던 시절
허리 붙은 뱃가죽에 물 한 사발 들이켜고
동 트기 전 돌태기 밭에 한줌의 보리씨
희망가 부르며 뿌려 놓고

이리도 명줄이 길기도 길구나
한숨으로 흘러내리는 땀방울 훔치고 나니
휘 몰아치는 비바람에 잠 못 들고
부러진 곡괭이 자루 둘러메고 밭고랑에
턱 괴고 눈물 훔치시던 생전의 아버지 모습

밭에는 이제 푸릇이 내민 보리순에
종달새 지지배배 우는 봄이 오고
내 새끼 배부르게 어서 자라다오 거친 손 모은
눈물조차 속내로 갈무리 하신 어머니
깨진 바가지에 식은 보리밥 한 덩이가 너무도 애닯어라.

너의 미소

너울지는 파도가 밀려오듯
그리움이 밀려와 가슴에 묻어둔
지난날의 추억 속 사랑을 하나 끄집어내고

의연하게 서 있는 갯바위 같은
사나이의 굳건한 맹세 희롱하며
부딪히고 철썩이던 물결의 아픔이여

미련한 순정의 기약들도
오늘처럼 당신을 향한 그리움에는
피할 수 없었던 사랑 갈구하던 목마름의 갈증

소쩍새 우는 봄날
화사한 햇살님의 얼굴 마중하며
고요한 새벽에 깔아 논 비단이불 사그락거림에
그대 손 잡아주며 머물라 하던 언약이어라.

봄과 사랑

봄은 살랑이는 바람과
눈부신 햇살을 가져다주며
시샘을 하는 처녀 같은 마음도 있지

과일의 풋풋한 싱그러움 느끼듯
추위를 이겨내고 피어나는 꽃들처럼
시련을 이겨 내는 사랑을 알게 하여 주네

사랑은 쟁취를 하는 거라
누군가를 위해 맹목적으로 돌진하는
야수와 같은 열정이 있어야 한다고 하였지

랑랑하던 새소리 들려오는 봄날
긴 기다림 속에 찾아오는 벅찬 환희 속에
그대를 향한 황홀한 사랑의 세레나데를 부르리라.

이별의 그 끝은

이제 아픔의 미련을
두지 않으렵니다

별이 스러지는 밤
당신 곁에 머물던 시간도

의미를 두어 보던
지난 흔적에서도 당신을 지워 봅니다

그리움 한 조각
왜? 라는 물음으로 대신하며

끝나지 않을 것 같던
사랑의 줄다리기조차 행복이었음 알기에

은근한 미소에 힘겨워할
당신의 슬픔에 애써 눈물을 감추어 봅니다.

설악산아

설화가 피어
시린 가슴 눈물로 삼키고
낙낙장송 가지에는 한이 서려 있구나

악기를 다듬는 조공의 솜씨
금강산도 지척인데
갈수 없는 그 곳에는 불어오는 찬바람뿐

산길 굽이굽이 돌아
숨 가쁘게 달려온 구름은
대청봉 꼭대기에 숨죽여 머물러 눈꽃비를 뿌리고

아직도 새벽 여명은 길기만 한데
숨 가쁘게 오르는 고뇌를 짊어진 자아는
동천에 떠오르는 열망에게 마음을 빼앗기네.

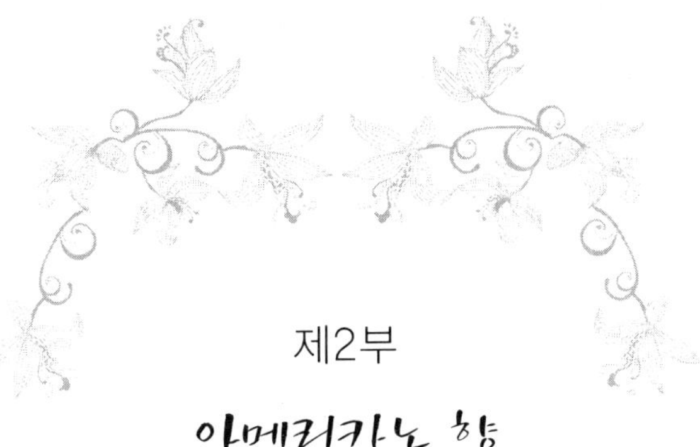

제2부

아메리카노 향

다시 온다면

다시 꺼내어본 빛바랜 앨범 속에
낯익은 젊음이 있었다

시간의 흐름이 멈추어진
퇴색된 사진 한 장에 미소 띤 얼굴하나

온화한 미소를 짓는다는 찡그린 표정이
어찌 지금엔 낯설음으로 다가오는지

다시금 그 시절로 돌아 갈수 있을까?
회한으로 얼룩진 현실의 무게에 쓴 웃음만

면도로 수염을 깎고
얼굴엔 로션을 바르면
사진속의 나로 되돌아 갈수 있을런지…

봄의 길목

봄이 오는 소리 들으려
가만히 귀 기울여 보니
소르륵 소르륵 울음을 낸다

의문의 소리에 다시금
두 눈을 크게 뜨고 찾아보니
하늘하늘 아롱아롱 아지랑이 피우는 구나

길가 담쟁이 햇살 녘엔
어느새 숨죽이고 고개 내민
파릇파릇 소곤소곤 새싹들이 반갑구나

목소리는 잠겼다가
메아리로 다시금 환희의 함성으로
이야호~이야호~ 동구 밖을 달음질치네.

고유 명절

고향집 그리워 남쪽방향 바라보고
지난시절 떠나온 그리움
가슴에서 꺼내 본 빛바랜 흑백사진

유유히 흐르는 영상 속엔
우물물에 비추어진 두레박 끌어 올리던
고왔던 어머님 모습

명절이라 더욱 그리워지는
고사리 손에 쥐어 주시던
까까 사먹어라 주시던 지전 한 장

절을 하고 다소곳이 머리 조아리면
이다음에 커서 훌륭한 사람 되거라
머리 쓰다듬으시던 그 손길이 사랑이었음을

지금은 그립다 더욱…

자연 동화

자유로운 계절은 거침이 없고
인간의 한계는 자연이 주는 선물에
감동으로 화답을 하지

연리지 나무도 대 자연에 순응을 배우고
마음을 비우려 애쓰는 인간은
한갖 미풍에도 서러움을 느끼지

동그런 파문을 일으키는 파장에도
설원의 대지를 휘감아 도는 폭풍에도
경건함과 강인함이 있어라

화선지 여백을 채우는 간결한 마음
눈과 비와 꽃을 수놓은 대지의 화폭에
한 마리 나비와 벌로 가만히 내려 앉으리.

꽃

내가
그녀를 보았을 때
그녀는
밝고 활짝 웃는 얼굴로 나를 보고 있었다.

가냘픈 몸매에
다소곳이 고개 숙인 듯 한 그녀
가슴에 안고 싶은 나의 마음은
콩닥 콩닥
두근두근...

그러나!
그녀는 만인의 연인
나 하나만의 사랑을 원하지 않는...

그녀는
너무
아름답다.

내 그림자

내가 앞에서 나아가도
다시금 되돌아 발걸음을 옮겨도
묵묵히 앞서거니 뒤서거니
함께하는 너

그림자 네게
먼저 앞에서 나를 끌어 달라고
뒤에서 나를 힘차게 밀어 달라고
응석을 부려 보지만 꿈적도 안하는 너

림프샘 혈관을 타고
돌아드는 고통조차도
삶의 무게를 떠받치는
고단한 몸조차 외면 아닌 외면을 하는

자유로운 묵언의
수행자처럼
나와 동행하고자 하는 욕심만 가득한
네가 있기에 오늘도 용기를 내어 본다.

달빛 강가에서

달이 수면에 잠들 때
가만히 드려다 본 작은 울림
내 마음 고요와 같아라

빛은 수면 깊숙이 몸을 사려도
눈에 비춰진 너의 모습은
언제고 심연에 감출 수 없는 열락이어라

강가에 앉은 나 또한
이지러진 수면 속에 너로 인해
무심히 들여다 본 자아를 찾고 있구나

가만히 소리죽여
귀 기울이면 들리는 소리
속삭이는 그 소리는 서로를 부르고

에이는 설움에 겨운
목울음 같은 처연한 사랑가
달을 부르노라

서러움도, 애증의 갈증도
흐르는 강물에 띄워 보내지만
남아 있는 너의 얼굴은 지울 수가 없구나.

인고의 세월

인생길 가다보면
즐거운 새소리도 들리고
돌멩이에 넘어질 때도 있지

고통이 따르는 아픔도
미움과 시기의 눈총도 있고
따스한 정과 사랑을 나눌 수도 있지

의미는 산다는 삶 자체
그 속에서 행복을 찾으며
걷고 걷다 보면 어느새 다다르는 목적지

세상을 원망하지 말고
가족의 소중함도 알며
인연으로 엮어가는 소중한 가슴만 알자

월동의 추위 속에서도
기다리는 꽃 피는 봄이
어느새 우리 곁으로 멀리서 손짓하지 않는가.

청 매 화

청산 푸르름은 환희를 부르고
매화꽃 푸르름은 경이로운 탄생을 알리네
봄꽃이 흐드러진 개울가에 영롱한 자태를 뽐을 내며

매봉산 앞자락에서 청향리 들녘까지
봄의 전령 네 꽃망울에 마음애타 달려감에
님 마중인양 수줍은 듯 고개 숙인 너의 모습

화려한 진달래, 개나리의 단색이 무색하고
같은 이름, 같은 모습의 홍매화도 시샘하니
연초록 새악시의 감미로운 너를
마음으로 실컷 안아 품어 보련다.

그대로 머물길

그리움 한 자락 남기시려면
떠난다 하지마시고
길 떠난 철새처럼 다시 오마 기약을 남기소서

대나무 곧은 절개로
사시사철 피어나 버팀목 되듯
그대와 나의 마음에 서러움 남기지 않기를

로망은 한 시절 철없는 꿈
사랑의 쓴 약속, 맹세로 남기우고
슬픈 이별은 흐르는 강물에 띄워 보내소서

머나먼 하늘가에서 미소 지을 당신
이제 드높은 하늘
눈부신 하늘 향해 바라기로 남으리다

물가에 바랑 푼 나그네
방랑의 시름조차 잊지 않으려
한 송이 겨울 꽃으로 피어나고 싶소

길가다 문득 보고파지면
아련한 추억에 젖어
그대라는 이름을 부르고 또 부르리다.

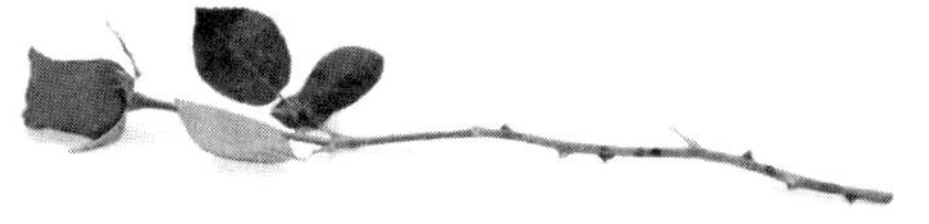

홍대 거리

홍등이 걸릴 때면
한 낮의 더위를 무색하게
젊음의 열기는 거리마다 고조되고

대담하게 차려 입은
삼삼오오 무리들의 발걸음은
시간이 흐름으로 휘청 거리네

거미줄 같은 미로를
헤메이던 청춘은 제 집을 잃고
나뒹구는 팸플릿 휴지처럼 길 위에 누워있네

리폼 없는 인생이라지만
이상과 꿈! 넘치는 열정! 만큼은
잊어버리지 말고 내일을 위한 특권으로 누려가기를...

가고 싶은 그 곳

가고파
흐르는 시냇물 따라

고향생각
그리울 때면 생각나던 그 곳

쉽사리
떠나지 못해 세상을 찾으며 살아온 인생

은연중
마음만은 항상 누울 곳 찾아 헤매고

그 언젠가
수구초심인양 돌아가고픈 마음의 고향

곳곳을
수소문하여 물, 바람 있는 전원에 살고파라.

영산홍 피고 지고

영산에 피어난 붉은 빛은
내 님의 사랑의 숨결

산마다 제 철 바람 따라
일렁이는 꽃잎은 내 마음

홍색의 아롱짐은 슬픔이 번진
기다림 일지니

피었다 지고, 또 피고
그 산 언저리는 변함이 없건만

고통으로 내 몰린 떠나는
개나리 봇짐장수

지는 해 넘어 어느 장에
고운 분 팔러 떠날거나

고왔던 호시절엔 어여쁜 님
마중 나와 보여주던 붉은 입술 잊지 못해...

가비향기

가엾은 비녀의 몸
한 떨기 꽃과 같고

비련한 나라운명
떨어진 잎새여라

향긋한 커피 향은
쓰디쓴 사약 같아

기회는 오직한번
조국을 품었나니

* 가비(家婢) : 예전 양반집에서 사사로이 부리던 계집 종을 이르는 말
** 가비 : coffee를 한자어로 표현 한 것.

오월의 대지

오월은 대지위에 피를 뿌렸다

지나간 오월엔
어린아이의 맑은 웃음소리도
학생들의 피어나지 못한 청춘을
부모들이 울분의 통곡 소리마저
대지는 말없이 뿌려지는 피를
묵묵히 받아들이며...

오월에 피어날 나무들
아름다움으로 활짝 필 꽃들에게
이름 모를 들풀들에게도
기나긴 추위 속 동면의 계절에도
뿌리와 씨앗을 따스한 온기로 이겨내게 해주었던
바로 어머니 품과 같은 대지가 아닌가?

오아시스 없는 열사의 사막도
그랜드 캐넌처럼 광활함도 없는
고난의 역사와 시련을 잉태한

우리의 땅 바로 그 대지위에서
우리는 다시 태어나야한다

나는 지금도 그 대지를 온전히 두발로 딛고 서 있어
용기와 희망을 가지고 생과
삶을 영위하고 있지 않은가
뒤 돌아 아쉬움 담은 한은 남기지 말자

앞으로 걸어 걸어 가야할 무수한
우리의 뒤 세대들에게 두번 다시
피 스며든 대지를 남겨 두지 말자
언젠가 나 또한 그 곳에서 영면하여
안식을 하여야 하지 않는가 말이다.

아메리카노 향

아름다운 조그마한 이름없는 카페에
잔잔한 음악이 흐르고
창밖으로 보이는 저녁놀에
촉촉히 대지를 적시며 내리는 이슬비

메아리 들릴듯 울려 퍼지는 샹송소리에
손 내밀면 잡힐듯 서서히 다가오는 어둠
정원이 내려다 보이는 이층 테라스에
다정히 어깨기댄 두사람

리본 곱게 머리띠 한 작은 상자는
탁자위 흔들리는 촛불에
앙증맞은 그림자를 새기며 다소곳이 놓여 있고

카라맬 톤 커피잔에 담긴 아메리카노 커피의 향은
다정한 두 사람만의 따스한 체온과 더블어
포근히 감싸 안은 어깨에 머문다

노오란 불빛의 람포불 타오르는 모습속에
사랑에 취한 속삭임의 밀어
달콤하고 부드러운 입맞춤

향기 담은 사랑은 이렇게 두사람의
가슴과 가슴으로 전율처럼 흐르고
사랑을 하자!!
흰 새벽이 오기전에....

제3부

내일이면 늦으리

그대 단 한 사람

그 언제 였던가요
당신은 아시나요?
보고파 하던 마음을

대리만족 하지 않을래요
오직 그대라는 존재만으로도
행복을 느낄 수 있어요

단발머리 청순함도
발랄한 순수함도
아니~ 아니어요~

한 없이 보고파 그리워지는
미련한 사랑을 간직한
그대만을 향해 서 있는 나였기에

사랑한다고 전합니다
보고 싶다 말 합니다
오직 그대 한사람만을 아낌없이

람보르기니 질주하듯
그대를 향한 사랑의 달음박질은
오늘도 변치 않음을 약속 할게요.

내일이면 늦으리

내일이면 후회하지 않을
사랑만을 하고 살자

일희일비하는 삶이지만
사랑함으로 행복을 잃지 말자

이제 때 늦은 후회는
사랑하는 사람에게 아픔의 고통일 뿐

面從腹背하는 어리석음 버리고
진실한 사랑만을 주어도 짧은 세월일지니

늦었다 생각 말고
언제나 함께 하며 서로의 추억 만들고

으시대며 잘난 체 하여봐도
사랑 떠난 자리에는 잡풀만 피어나니

이별하는 그 순간까지
아낌없는 사랑 주며 그대만이 전부라고...

* 면종복배(面從腹背) : 앞에서는 순종하는체하고, 뒤에서는 딴 마음을 먹음.

내일이 오면

내일이란 우리의 희망이다
어제의 모든 힘들음에서
행복을 열려하는 꿈을 갖기에

일목요연한 나열의 인생은 아니다
비틀리고, 구절양장 같은 긴 여정이지만
슬기와 지혜로 이겨내고 곧은길 찾기에

이대로의 안이함도 아니다
벅차오르는 감회도 있었었고
사랑이라는 오묘함도 가져 보았기에

오로지 앞만 보고 달려 왔다
시기와 질투, 분노와 좌절 등에 타협하지 않고
거기에 더한 사랑하는 이와의 아픈 이별도 있기에

면죄부란 삶에는 주어지지 않는다
나의 온 마음과 정성으로
행복을 찾고 지켜 가야하는 미래만이 있기에…

사막의 여우

사그락 사그락
열기를 온 몸으로 받으며
모래행군을 한다

막막한 앞쪽
신기루 허상을 좇아
오아시스 희망의 쉴 곳을 찾아

의지는 어느새
흘러내리는 땀과
소금기 베인 갈증에 모래와 같이 흩어지고

여전히 세상에
버려진 고아처럼 목적지도 없다
그저 순간을 모면하려는 알량한 허덕임 뿐

우연히 마주칠 수만 있다면
나는 거상을 좇아가련만
낙타의 방울 소리조차 들리지 않는 구나…

이제서야!

이제서야!
인생의 길에 내가 서 있음을
눈 위에 손을 얹고 멀리 지나온 길을
되돌아보고 있다.

그다지 길지도 않게
살아온 인생길이라
누구에게도 한번 물어 보지 않았건만
바르게 걸어가는 거냐고?
지금 걸어가는 길이
진정 옳게 걸어가고 있는 거냐고?

이제서야!
무심히 흐르는 강물도 보았고
파도치는 넓은 바다도 보았건만
내가 걸어온 길에는
강물의 무심함도
파도에 부딪치는 바다의 아픔도
잠시 스치는 바람만 같았어라

어느덧 오십 줄의 훈장 같은 나잇살이
주름진 얼굴엔 시름 더한 세상살이

이제서야!
뒤늦게 찾아오는 골방의 고독함도
등어리 휜 삶에 대한 고달픔도
지게에 얹힌 세월의 무게감도
허허로움에 맡기 우고
내일로 향해가는 빈 수레에
인연도,
사랑도,
세월도, 올려놓으며

이제서야!
얹어 놓은 손을 내려 가만히 마주잡아 본다
사랑하며 살아 가기위하여…

그대 가슴속에

그대라는 사람을 저는 모릅니다
왜냐고 물으신다면
한 번도 물어 본 적이 없기 때문이죠

대우주의 신비 속에 가리어진
만남의 자체가
억겁의 시간 속에 맞추어진 운명이기에

가만히 다가가 보았었지요
왜냐고 물으신다면
그대라는 사람을 알고 싶었기 때문이죠

숨 막히는 환상도 아니었지요
함께 한다는 자체가
못 잊게도 그리워하리라 생각지도 못했기에

속박처럼 피어나는 열망과 욕망에도
언제나 자제라는 허울 속에
다하지 못했던 그대와 나의 사랑 다툼

에이는 삭풍처럼 메말라 가는
우리의 사랑이 멀어져 가지 않도록
그대 가슴속에 조그만 심지의 불길로 남아지기를…

새해 님 그리워

찬란한 아침 해가
신년을 밝히고
간밤을 지새운 까치의 울음소리
반가운 님 소식이려나

어제 먼 길을 떠난 내님
한 해를 보내고
꿈속에 용을 보고 이제
돌아오시려나 빌어 보았었지

그리운 님이시여!

엄동설한 모진 추위에
마음 얼어 못 본다 하여도
개울물 얼음 녹아 졸졸 흐를 때
잊지 말고 오시어라 반가운 내 님이시여

길...

길을 나서 보네요
씩씩하게 두 팔을 흔들며
가벼운 발걸음도 경쾌하게
이제는 가을 마음을 내려놓으려...

길가에 방긋 미소로
맞이하는 이름 모를 들꽃에게
반갑다고 손을 내밀며 물어 보네요
이 길이 끝나는 곳이 어디냐고?

길 위에 날아가는 새 소리가 들리네요
나도 따라 입을 모아 봅니다
신나게 앞서거니 뒤서거니 발길을 옮기며
긴 그림자 동행을 하고,
앞산 저녁놀에 얼굴이 붉게 물드네요

길을 걸으며 생각해 보네요
다정히 손잡고 같이 할 그대와
지금 이 길 끝 어딘가에 있는
무지개다리 건너 행복이란 쉼터를 찾아 가 보리라고...

외로운 가?

외로운 가요?
“그대”라는 사람이 없기에
아닙니다
“나 “라는 사람이 없기 때문이죠

로댕의 생각하는 사람도
홀로 있다고 외롭진 않을 거예요
자신을 찾으려
자신을 되 찾으려
고뇌와 상념으로 생각중이니 까요??

운다고
서럽게 울어 본다고
외로움이 가시진 않지요
슬픔에 지쳐 잠들 뿐이기에...
“나”만 홀로 남겨둔 채 말이지요

가만히 들여다보세요
마음의 안에 웅크리고 있는

“나”를 따뜻한 품으로 가만히 안아보세요
그러면
그러다 보면
외로운 “나”는 없어질 테니까요~

감사한 하루

감사한 마음으로 아침에 눈을 뜨면
부드러운 미소를 머금고
바라보는 당신이 있어 행복 합니다

사랑을 전하여 주는 꽃도
아름답게 피어나기 위해서는 많은 고통과
시련이 있었다는 것을 우리는 알고 있기에

한없는 지나온 시간들을
다만 아픔이라고만 여기지 않고
전생의 운명의 고리와 현실의 인연이었기에
그대와 함께 하려 하였음을
그 누구보다 잘 알고 있습니다

하루하루가 우리에겐 진실이었음을
해가 뜨고, 달이 지는 하루라는 시간이
당신과 나에겐
무엇보다도 소중한 의미였음을

루비 같은 보석으로 빛나기보다
참 사랑으로 고난을 이겨 내고
보듬어 안아 더욱 나의 온 가슴에
소중히 빛나는 당신으로 남아 주시기를…

여인의 향기(2)

여인에게 길을 묻노니
사랑의 길은 어떻게 가느냐고
이루어질 사랑 이라면
그 길을 가겠노라고

인고의 시간이 흐르고 나면
애달픔은 지나고 기쁨이 오리니
지고지순한 사랑 이라면
그 사랑 찾겠노라고

의지하며 같이 가자하려오
눈앞의 현실이 버려진 낙엽처럼
흩어져 사라진다 해도
그 애증의 강을 건너겠다고

향기로움이 사라진다 해도
그 사랑의 향기가 사라진다 해도!

기쁨의 눈물을 흘리리다
함께 하여 준다는 그 약속 이루어진다면
내 여인 나만의 여인이여.......

나! 여기에

가을 단풍으로
마음 고이 접어
흐르는 강물위로
나! 여기에...

동무들아 반갑구나
세월놀이 그만하고
너의 모습 찾아보려
나! 여기에...

그리움이 지칠 때면
술래잡기 그만하고
반가운 손 내밀어서
나! 여기에...

반백의 귀밑머리도
허리 굽은 외 지팡이도
이제 벗들과 함께하니
외롭다 하지 말고 내 곁으로 오려무나.
나! 여기에
서 있으마......

좋은 에너지

좋아한다고 꼭 말로만 하여야 하나
그대 모습, 그대 얼굴에 번지는 미소로도
나 그대 마음 알 수 있건만

은근한 속삭임도 설레는 마음 표현일 뿐
진실 된 속마음은 아직 전하지 못하지만
먼 곳이라 애달프지도 않음이련가?

에인 사랑 표현 하지도 못하잖아
거짓과 진실 사이의 갈등을 나조차 모르는데
서로의 시간 흐름 속에 묻어 두어 보자.

너른 품에 안기어 보고도 싶어진단다.
왠지 순수하고 다정한 다가섬이 크기에
이 또한 인연이라는 작은 소우주이겠지?

지금 가을 짙은 단풍위에 편지를 써 본다.
하루 종일 그대와 함께 라는 생각이라서
그러나 지금은 부치질 못하는 아쉬움에
가을바람에 하소연 해 보련다.

나와 그대

나_.
이제 그대를 바라보는 눈이 생겼다
마음과 가슴으로
물밀듯이 다가오는 느낌만으로
그대라는 것을 알기에

그대_.
이제 믿음이란 소중함을 알리라
마음과 가슴으로
파도에 일렁이는 물거품이 아니라
나 하나라는 이유를 알기에

나와 그대_.
이제 우리라는 사랑이 생겼다
마음과 가슴으로
인연의 실타래 한올 한올 풀어가듯
행복이란 작은 성으로 함께 갈 수 있기에...

구월의 노래

구월이 오면
아름다운 노랫소리가 들려온다
가슴속에서
빨리 저 넓은 들판으로 나가고 싶다고

구월이 오면
우리들은 노래를 부르며 달려간다
친구야 놀자
들녘에 무르익은 곡식들 고개 숙여 인사하잖니

구월이 오면
너와 나는 합창을 한다
지저귀는 파랑새처럼
해질녘 뛰어 놀던 논두렁길을 뒤로하고 집으로 향하는 마음으로

구월이 오면
이제 사랑의 노래를 부른다
그대와 나 한 마음으로
영원히 잊지 말자 맹세의 나무 아래서 하트를 그리며…

떠나는 여인

떠도는 구름처럼 흐르다
한줄기 꽃으로 소중히 피어난
인연이어라

나뭇잎 바람에 날리우듯
흩어진 아픈 상처를 보듬고
헤메이던 세월은 따스한 햇살로 안았어라

는적인 외로움을
어이해 눈물로 감추지 못하고
못내 아쉬운 발길을 옮기는가

여인이여!
가냘픈 세요의 허리를
한손으로도
휘어잡지 못하고 보내고 마는 작별

인내로 지켜온 날들을
다시금 재회의 기약도 남기지 않은 채
고무신 한 짝 남기고 가는 사람이여…

수능 시험

수년 동안 밤을 낮같이 학업에 열중하여
입시경쟁 치열함에 대학가기 위한 공부
마지막 관문이라

능력을 검증 받아 좋은 대학 진학하길
학부모도, 수험생도 가슴 졸여 기도하며
내일 위해 준비를 하였다네

시간을 재어가며 그동안에 갈고 닦은
모든 실력, 잠재능력까지 총 동원하여
한 순간 끌어내어 좋은 결과 있기만을 바래였고

험난한 앞으로 인생의 시발점이 되는 순간
아들, 딸들아 잘 견디어온 지난 시간만큼
헛되이 되질 않게 수능대박 이루기를 간절히 기원하마.

친구 내 사랑

친절하게 건네주던 따뜻하게 전해오는 말 한마디
한잔의 술잔이 넘치듯이 내게는 정이였으며

구릿빛 그을린 너의 모습은 지나온 세월이 묻어있고
앙금처럼 가라앉은 너의 목소리는
탁배기의 구수함처럼 포만감으로 전해진다

내 가슴에 몽매 잊지 못하던 지난날의
슬픔과 아픔을 이제는 모두
잊으라 전해주던 너의 짧은 한마디 말은

사랑은 지나버린 과거의 비에 젖은 휴지조각처럼
이제는 보내라고,
흘려 지워 버리라고
술잔에 담긴 위스키같이 마셔 버리라고…

낭만이라고 여겨 뒤 돌아보면 아쉬움이 크고
너와의 우정은 변함이 없기를 기도하며
잊지 않으마 흐르는 세월에도 나의 친구여!!

잘 지내게 친구여!!

제4부

시간속의 향기

눈 먼 사랑

눈물이 흐르고 흘러
멈추질 않네요
그대라는 이름을 잊은 지도 오랜데
가끔씩 떠오르는
시나브로 당신의 모습 때문에

먼 곳 그 어디에라도
함께 하자 하셨지요
그러나 우리는 서로의 갈 길로 가고 말았던
지난날의 아쉬움이
이별이었네요

사랑한다 하였지요? 서로가
그 기쁨도 잠시 행복이었다면
지금의 행복은 무엇인지요?

랑낭하게 들리던
당신의 목소리는 가을바람
내게 남겨진 추억은

쓸쓸한 거리의 가을 낙엽
이제는 보내 드립니다
이 가을에 사랑했던 님이시여…

간절한 기도

간절한 마음으로 무릎 꿇고 두 손 모읍니다
자식 잃은 어미의 애타는 심정이라 할까요?
지나간 세월에 정처 없던 방황의 고통이라 할까요?

절절히 굽이치는 살아온 삶의 능선을 따라
오늘이라는 현실에 가지만이 덩그런 고목의 그림자처럼
뉘시라 그 처참한 이별의 생채기를 다 잊었다 하리요

한 많았던 민족의 통분어린 그 시절도
마디마디 얽어매진 새끼줄 같은 인연의 굴레에
아직도 대를 이은 피 맺힌 절규의 드러내 놓지 못한 사연들

기도드립니다! 다시는 상처가 없기를
피 고름 얽히던 상처 속에 새 살이 돋아나듯
지나간 세월의 잔상 속에 잊혀져가야만 할 망각의 한

도처에 새로이 돋아나는 새싹들처럼
이념의 대립과 역사의 한계를 기억 저편에 묻어두고
이 가을엔 새로운 희망으로 찾아오라 간절히 두 손 모
읍니다.

반가움과 그리움

님아!
님이 오셨다는 소리에
버선발로 달려 나가 마중하오
이 빗속을 뚫고 보고자 오셨다니…

님아!
떠나신 지가 엊그제 같은데
헤어짐의 세월은 속절없이 흘러
어느덧 귀밑머리 백발이 되었구려
보고 싶고 또 보고 싶었던 지난 세월이 야속만 하오.

안개비 내릴 때도 속절없이
그대를 기다리며 하염없이 동구 밖만 내다보오
이제사 오시려나
마음속 애태움은 그저 그리움의 한숨 뿐…

님아!!
그리움이 지쳐 스러질 때
세월의 무심함도, 기다림의 애닯음도
그대 이제 내게로 오셨으니 눈물 흘러 기쁨이려오.

친 구

친구는?
푸르른 가을 하늘과 같다
하늘을 보며 이상의 날개를 펼치기에
늘 이상과 꿈을 같이 하는 정다움이 같기 때문이다.

친구는?
창공에 날갯짓하는 새소리와 같다
언제나 곁에 있으며 정다운 목소리로
화답과 격려를 아낌없이 주기 때문이다

친구는?
그리움과 보고픔이다
언제나 지난날의 추억들을 끄집어 낼 수 있고
회상과 추억으로 서로의 기쁨을 나눌 수 있기 때문
이다

친구는?
존재만으로도 사랑이다
멀리 있다하여도, 소식이 없다 하여도
아픔이 없기를 빌어 주는 사랑으로 전달되는
마음이 있기 때문이다.

비 오는 거리

비오는 거리를 하염없이 바라만 보고 서 있다
누구를 기다려 서성이고 있는 것도 아니건만
휑한 거리 어디로 가야 하나?

오늘도 지친 영혼, 지친 몸을 이끈 무게 받친 두 다리
발걸음이 향하는 곳은 그 누구를 찾으려 함인가
알 수 없는 고갯짓은 상념을 털어버리듯...

은근한 기대감마저도 내리는 소나기는 용서를 안 하고
묵은 때 씻기우듯 몸을 적시고 또 적시어도
나 몰라라 하는 방황의 끝은 알 수 없어

거침없이 달려왔던 지난날의 청춘세월
젊음이란 피 끓음은 자유를 잃어버리고
이렇게 반백의 머리와 몸은 지쳐만 가는 건지...

이유와 회한을 묻어 버리기엔 마음의 상처는 커서
지나는 이름 모를 행인에게 길을 묻듯 물어본다
나!! 지금 어디로 가야만 하는 가를...

오늘도 하루를 열어 갑니다

보고 싶다는 말은 하지 않겠습니다.
그립다는 말도 하지 않을게요.
다만 이곳에 늘 찾아오면 볼 수 있는 님들을 만나서
반갑고, 기쁘다는 말은 전하려 합니다.
어디에 계시냐구요?
어떻게 지내시냐구요?
물어 보지도 않으려 합니다.

왜냐구요?
언제나 이곳에 찾아오면 반겨주시는 님들이 있잖아요

멀리 떨어져 있는 가족, 친척들도
가까이 있는 이웃만 못하다 하잖아요?
그러나 우리는 이곳에 언제라도 찾아
살가운 정도, 반가운 안부도, 곱디고운 마음의 사랑
편지도
언제라도 옆에 있듯 만날 수 있기에 행복하잖아요

그렇게 퍼붓던 소나기도
거센 비바람을 몰고 온 태풍도
푹푹 찌는 한 여름의 더위도
이제는 서서히 우리 곁을 지나가고 있습니다.

만남으로 사랑을 나누는 우리 님들!!
오늘을 열어가며
아~~ 이것이 인연으로 맺어진 기쁨이라 생각하세요.

“사랑 하자!
사랑 하자!!
사랑할 수 있을 때.........”

친구야

어릴 적 개울가에
벌거벗고 물장구치고 놀던
그때가 그립지 않더냐

세월이 흐르고 흘러
삶이란 굴레에 허덕이다
회상에 젖어 보기도 하더냐

그때는 어렸고
지금은 늙어가지만
보고 싶다는 말 한마디 하고 싶지 않더냐

친구야!
지금은 나는 너를
너는 나를 부르고만 있겠지.............

들리지 않는 소리가
메아리로 너의 곁에 가고픈 지금이다.

멀리 가는 향기

멀리 있다 하여 인연의 끈이 닿지 않으리 없건만
부는 바람에도 전해지는 님의 향기

이유 없는 사랑의 기다림은 님을 향해 있건만
보고지고 또 보고파 하여도 못 다한 님 향한 그리움

가는 세월 속에서도 느껴지던 님의 고운 숨결은
잠 못 드는 이 밤에도 소리 없이 내게로 다가오고

은근한 그리움 상사병이란 사랑의 고통을 주신님이시여
지금 당신은 어디에 계시나요

향기는 끝이 없이 잊지 말라 가슴에 전하여 오건만
보고 싶어 애를 태우는 이내 심정을 외면 한 채

기쁨의 만남을 고대하는 목마른 이내 마음의 부르짖음을
님은 진정 아니시라 여기며 모른 체하시나요....

퓨전포차

젊음의 잔을 채우고
열기와 공허의 술을 따르고
열락의 소용돌이에
희뿌연 담배 연 기속 쓰라린 잔을 비운다

청춘은 방황의 돛을 달고
노년은 고독을 안주삼아
장터의 소란함 속에
정신과 육체의 피로를 느껴 간다

희망이 어디 있느냐고
실직으로 버려진 아버지가 말하고
미래에 꿈을 이루겠다고
권리를 주장하는 아들이 말을 한다
불투명한 딸들의 고개는 끄덕끄덕 동조를 한다

새로운 안주는 혁명을 이루고
고리타분한 과거의 빈대떡은 주눅이 든다
오늘도 부어라 마시는 밤을 지새우는 군상들
퓨전의 의미는 현재와 과거의 통합이란다.

후 회

이런 순간이 이렇게
올 줄은 몰랐습니다
그렇게 정다웠고
그렇게 즐거웠건만
당신과의 이별이
왜?
지금 이 순간이 되었는지요.
누군가의 아픔이
설령 그 날이 올지라도
우리에겐 오지 말기를
그렇게도 기원하고
그렇게도 애타게 외면하였건만.....

순간의 기쁨,
순간의 낭만,
순간의 떨림,
그 모든 것을 이제
보내야만 하는 지금
이렇게 가슴에 묻어둔 채 후회를 하나 봐요.

고 독

삼라만상이 숨을 죽이듯 잠들어 있고
적막감과 허허한 고요함의 공간속에
홀로이 잠 못 들고 번민에 허덕일 때
또렷이 들려오는 밤 풀벌레 소리는
어둠속을 더듬는 상념의 고통

술 한잔 따라 놓고
하염없이 바라보는 창 밖 어둠은
숨죽여 흐느끼듯 애처로움만이 더하고
은은히 비치는 달빛 받은 나무 그림자사이
유유히 꼬리 물고 사라지는 유성은 진한 외로움

무 엇 이?
왜?
이토록 처절한 몸부림속의 물음은
자아의 방랑, 정착 없는 고달픔
누군가의 곁에 떠돌기만 하는
나 혼자만의 서러움이련가.

동 자 승

까까머리 코흘리개
어머니 손에 이끌려
여기가 어딘지, 사유도 모른 채
고즈넉한 산사에 발 들여 놓고

새벽 범종 소리 귓가에 머물면
졸린 눈 두손 비벼 억지 잠 깨우고
부처님 계신 대웅전 합장 문안 드리우고
큰 스님 기침 소리에
화들짝 잠긴 눈 부엉 눈이 되고

참선, 묵상, 계율속에
"네가, 누구인고?"
큰 스님 호통 화두 내리심에
턱 괴고, 눈 감고, 시름 게워 생각할 제
스르르 잠긴 눈 속엔
어느덧 그리운 어머니 생각 뿐...

부처님 오신 날

부처님 오신 날
대웅전에 무릎 꿇고 합장지심으로
속세의 애달픔으로 비나이다

처음이 아닌 인연의
윤회 속에 우리들 마음속에
면면히 흐르고 있는 불심

님의 향기는 세상의
미진을 이겨내고, 번민과 고뇌에서
탈피하여 심신의 청향으로 번져 사파의 때를 씻기 우사

오늘은 몸과 마음을
청결히 하고 부처님 전에 부복하여
석가모니불의 온화한 미소에 담긴 염원을 기원함에

신묘한 가르침은 마음을 깨우치라는 사자후로,
세상이치는 화두로 불심을 시험하니

날마다 숭고한 심신으로
참배하오니 석가모니 부처님이시여
온 세상에 자비와 광명을 베푸소서…

시간 속의 향기

시계초침 재깍재깍
세월의 흐름을 일리우고

간간히 저 멀리서
뜀박질 하듯 들려오는
숨 가쁜 호흡소리

속절없이 흘러가는
세월의 야속함은
시간 속 허공에 멈추어진 체

의절하고 지나온
유년시절 애달파 하는
하소연은 삶의 마감을 재촉하고

향기만은 어린 시절
동심과 같고
천진스런 아가의 모습은
머릿속에 여전한데

기약 없는 나의 약속은
시간을 되돌리기엔
너무나 멀리 와 있구나.

어디로 가는가?

아침에 햇살에 눈을 뜨고
지저귀는 새소리에 마음을 열지만
하루의 군상에 섞여 우리는 어디로 가는가?

도심 빌딩 속에 흐느적거리고
방황과, 고독과, 허무를 뽀얀 담배 연기에
외로움과, 괴로움을 한잔 술에 희석 시키며
일상의 일탈을 바라는 우리는 어디로 가는가?

인생을 논하고, 사랑을 목말라 하면서
삶에 애착과, 고달픔에 서러움조차
목울대에 걸려 토해내지 못하는
중년이란 아픔의 방랑자 우리는 어디로 가는가?

바다엔 부표로 항해의 목적이 있고
높은 산엔 정상이란 목표의 봉우리가 있건만
비틀거리고, 허우적거리는 못난 인생 여정
무심히 흐르는 세월 앞에 어떻게,
어디로 가야 하는가?

삼월이 가면

시리던 바람과,
흐리던 잿빛 하늘의 삼월이 가면

분홍색 저고리에,
노오란 치마를 흩날리며
새 소리,물소리 정다운 사월이 온다!

그대 추위에 몸지쳐,
나에게 오심이 무척이나 더디더니
삼월이 가면 춘풍에 몸 실어
사월의 꽃처럼 나에게 어서 오서소.

수줍은 기다림

햇살 가득한 봄날
보고픈 사람의 기다림이
내게 살포시 문자로 전해진다.

보고 싶다고, 보고 싶다고 말은 못하고
기다린다고, 기다렸다고 마음속으로만
애타게 가슴 저밈에
님은 들으셨나보다!
문자로 내게 기다리지 말라고
애태우지 말고, 보고자 기다린다고, 다가오라고…

햇살 밝은 봄날
어떻게, 어떻게 하여야 할까?
수줍은 기다림은 이제 설레임으로 바뀌고
치장을 하여 멋을 부릴까?
향수를 뿌려 취하게 할까?
유~머도 없고, 말 주변도 없는데, 걱정이다.

그래!
보이는 게 나고, 멋 부린다 달라지나^^
향수 뿌린다, 사람이 달라지나^^
그저 있는 그대로의 내가 최고 이지
이제, 수줍음의 기다림은 그만 두어도 되겠다.

비가 오나이다

겨울 마른 가지에도
봄 꽃망울에도
겨우네 얼었던 시냇가에도
그리고 우리 집 담장 안에도
비가 오나이다.

흐리던 날엔 비 오기를 기다리고
가신님 뒤엔 빈자리에도
사랑의 이별 뒤에 기억 속에도
그님이 마른 마음에 비되어 오가시길 기도함에…
비가 오나이다.

사랑하던 님이 가시던 그 길가에도
사랑하는 님이 오시던 그 자리에도
사랑 찾아 님이 보고픈 그 꿈속에도
어서어서 고운 걸음 봄 길 찾아오시라
내 맘 열어 사랑 꽃 피우고 기도함에…
비가 오나이다.

들판에 푸릇 새싹이 돋아나고
멀리 앞산엔 봄꽃이 피어나고
계곡과 시냇가엔 졸졸 물이 흐르고
이내 가슴엔 사랑이 피어나라 기도함에...
비가 오나이다.

제5부

사랑 그 쓸쓸함에 대하여

내일

어제가 흘러 흘러 오늘이 되고
오늘이 흘러 흘러 내일이 된다.

어제를 붙잡고, 오늘을 안 보내려
의자에 앉아보고,
봄꽃 핀 정원을 어정거리고,
침대에 뒹굴어 떼를 써 봐도
내일은 벌써 문밖에서 나를 기다린다.

무엇을 하여야 할까?
어떻게 살아야 하나?
삶이 무에고, 인생이 무엇이더냐?
이 중년의 나이에...

사랑도 해봤고,
술도 마셔 봤고,
인생을 밤새워 고민도 해봤지만,

아직도 알 수 없는 것이 내일 이더라......

북한강에서

북한강 바라보며
어디로 가는 물인지
가는 곳 물어보고

한숨어린 인생여정
운무속을 헤메이듯
갈곳 몰라 서러워라

강물의 무심함은
거침없이 제 갈길로 흐르건만

에이는 겨울 찬바람에
오롯이 서 있는 강가의
마른 고목은

서 있기 조차 버거운
세상살이에 힘겨워 하는 나와 같구나.

황포 돛대

황진에 찌든 인생길에
머물러 다다른 강 녘에 외로움
쉴 마음조차 내려놓질 못하는구나

포구에 오고 가는 사람들은
정과 사랑을 들고 나는데
외로이 닻을 내린 빈 배는 나와 같아라

돛을 높이 올리고
먼 바다를 향해 나아가는 꿈은
희망이요 용기인 것을 알지 못하는지

대나무 빈숲에 바람이 일듯
강물의 출렁임에 흔들리는 내 그림자
허 한 가슴에 시린 바람만 지나는 구나.

세상살이 2

세상이 험난하다
어른들은 말을 하고

상처 입은 아이들은
세상 살기 힘들다 하네

살다보면 웃는 일도
아픈 일도 많다는 것을

이대로야 행복이라
고집하긴 어려운 일

아해야 청산에나 들어가 보자구나!

흐르는 세월

모태에서 울며 태어나
아장아장 걸음마 때고
두발로 세상 디디며 섰을 때
세상이 힘들 거란 걸 알아야 했는데…

책가방 들고 학교에 가고
동무들과 운동장 뛰어놀 때
산과 고궁으로 김밥 싸들고 소풍 갈때도
앞으로 세상이 힘들거란걸 알아야 했는데…

학교 졸업 후 직장생활과
연애를 하고 결혼을 하고
자식을 낳고 인생을 알아 갈 때
이제사 세상이 이런 것이구나…

삶에 무게와
인생의 무게를 느낄 때가 되어서야
이제사 세상이 이런 것이구나!!

그 삶의 질곡속에
벌써 흐르는 세월이 나를 업고 가는 구나!!

어 머 니

열여덟 꽃다운 나이에
조부모에 젖먹이 시동생까지
층층시하 호롱 켜는 시골로 시집와서

새벽닭 울기 전에
하얀 모시, 검정치마 행여 소리 날까
조심조심 허리춤 걸치시고
창호문 살포시 열고 섬돌 고무신 찾아 신고

볏짚에 된장콩 소여물 가마솥에
싸리문밖 우물물 길어
보리좁쌀 사브작 사브작 조리일어 돌 고르며
시할아버지 기침 전 아침 준비 하시고

싸리밖 들녘에
아침안개 피어 오를 때
쟁기 메고 암소고삐 끄는 아버지 따라
서너 걸음 뒤녁에 소쿠리 머리이고 논두렁 잰 걸음에
언제 하루해가 저물까?

가뭄지면 쩍쩍 갈라진 논바닥 보며
두손 모아 가슴속에 비나이다
장마 지면 벼이삭 세워 묶어 놓고
한 숨지며, 원수 같은 비야!

이럭이럭 고향 떠나
봇짐장사 아버지 술타령에
자식걱정, 끼니걱정 설움에 백발 되고
병석에 계실 적엔 그렁그렁 눈물 맺혀
"불쌍한 우리자식 어이 살꼬..."

그렇게 자식 효도 못 받으시고.
그렇게 바쁘게 가셨나요?
어 머 니!

고목나무 그늘

고단한
몸 하나 쉬일 곳 찾아
뒹구는 나무 턱 베겟목 삼고
목석의
단단함은 세상을 이기려는
무한한 생의 몸부림
나무의
그늘에 들어서면 안도의 호흡
어버이 슬하 같은 안식의 평온이 찾아오고
무릎에
아이 받쳐 쓰다듬던 어머니 손길 같아
따스한 온기에 스르르 감기는 두 눈
선잠이 든다!

그리움
아련함이 꿈결처럼 산들산들 부는 바람에
볼 비비며 맞이하는 아이 같은 심정

늘어진
무성한 나뭇가지엔 하늘이 가려지고
나는 그 하늘에서 잊혀져간 모습들을 찾는다.

오늘 이 행복

오 나의 사랑이여
타오르는 불꽃처럼 마음 송두리 채
태워버린 그대

늘 세월의 흐름 속에
그대가 나에게 준 사랑만큼
채우지 못하여 늘 안타까움으로 보내는 시간

이제 받은 만큼의 절반이라도
되돌려 그대 사랑에 더한 마음을 주려하네

행복이란 멀리 있다하지 않기에
늘 찾고 또 찾아보았지만
바로 곁에 있는 당신이란 존재가 행복이었음을

복되고 정이 넘치는 그대
이제 우리 사랑 애끓는 마음이 아닌
나누고 보듬어 주는 그런 사랑 이어 가요.

사계찬미

봄은 보고픔이다.
멀리서 다가오는 훈훈한 정을
산과들에 피어나는 꽃들은
보고파 하는 마음이다

여름은 정열이다.
젊음의 청춘이 활동하고
바닷가 해변에서 열정을
식을 줄 모르는 열기에 보내는 시간이다

가을은 그리움이다.
만산홍엽에 물드는 계절
사랑이 농익는 원숙미의 여인처럼
그리고 또 그리는 여심이다

겨울은 기다림이다.
땅속에서 북풍의 냉기를 머금고
훈훈한 지열로 감싸 안고 또 다시 찾아올
보고픔을 기다리는 사랑이다.

가을 편지

가을 들녘에 흩어지는 햇살에
내 마음은 달려가 봅니다
맑은 하늘을 날으는 고추잠자리
쫓으며...

을씨년스런 겨울 삭풍에 메말라 가는
옷 벗은 나무들 외로움에
그 아픈 마음 달래주려 그대에게
보내는 한 줄의 사연들

편견으로 얼룩진 시대는
허공에 흩어지는 푸념으로 생채기를 내고
텅 빈 공허감만은 얼룩지는 가슴에
산소 호흡기처럼 애처롭게 매달려 숨을 고른다

지금은 사랑이라 부르지만
지나간 시절은 많은 고통의 아픔이었단다
혼돈과 방황!

정열과 열정이라는 미명을 안고 가는 방랑의 세대
다시금 그대에게 편지를 쓴다
이 중년의 가을을 보내며…

울지마 가을아!

울긋불긋 하던 나무숲도
차가운 바람의 위안을 받고
하나둘 고운 옷을 벗는다

지금 곱게 물든 단풍옷도
계절의 변화를 이기지 못하고
떠나는 철새 따라 함께 가려 흩날리고

마침내 살며시 내 눈에
고이듯 맺혀있던 눈물방울이
떠나는 아쉬움의 낙수가 되어 흐른다

가을아!
나를 두고 훌쩍 세월의 뒤안길로
사라져 가려무나

을씨년스럽게 다가오는 겨울의 찬 기온은
어느새 내 곁에 다가오고

아쉬운 짧은 가을 이별은
짧아진 내 인생처럼 쉽게 잊혀져 가지 않기를...

홍제천 길을 걸으며

무심히 흐르는 시냇물은
아래로
아래로
한강물을 찾아가고

물위에 떠있는
오리가족은
고요함속에 가족사랑
나누고 있건만
상념에 젖어
걷고 있는 나의 두 다리는
힘에 겨운 무게를
떨쳐버리지 못하네

살아가고
또 살아 가야할 삶의 세월

후회도 미련도 없기만을
바라고
바라는 간절함 속에

사랑하는 사람이여!
헤집는 아픔은 주지 말기를
그저 물위에 떠있는
오리가족의 행복처럼만
살고지고…

위안부

위로하고 보호해야 할
우리들의 가엾은 어머니들이건만
강산이 변하고 세월이 흘러도 변함없이
마음이 서글프고 애잔함을 그 어이하리

안일하게 나라 팔아먹은 친일매국노들
그를 빌미로 삼십육 년 우리 강토에
치욕의 통한을 안겨준 일본은 아직도 반성조차 없구나

부디 후대들은 기억하라!
우리 어머니들의 아픈 과거를 부디 잊지 말고
그 상채기에 내 피를 수혈해서라도
고통으로 얼룩진 아픈 삶을 온전히 되 돌릴 수 있기를
바라노라.

인생 여정

인생길 외로워하지 마셔요
누구나 걸어가는 세월의 나날이잖아요
희로애락 속에서 바라는 한 가지
우리들의 바람이 있잖아요

생활 속에서도 그대를 느껴 보네요
언제나 마주 보며 어깨에 기댈 수 있는
다정한 그대와 나의 사랑이 있으니까요

여울지는 바닷가의 추억 속을 걸어 봐요
낙엽이 물드는 산장의 벤치를 기억해 보고요
영상이 흐르는 카페의 추억을 떠올려 보았죠
촛불에 아늑한 그대와 나의 그림자가 거기 있네요

정처 없이 떠나온 삶이란 긴 여정의 길에서
이제 그대와의 행복한 모습을 보네요
가고픈 그곳엔 당신이 서 있고요
행복한 그대 모습에는 내 사랑이 기다리고 있잖아요.

돌고 돌아

돌아다 볼 시간도 없이
훌쩍 지나버린 바쁜 세월 속에서도
때때로 잊혀지지 않는 사람들이 있다

고마웠던 사람
기억에 새록새록 남아 있던 사람
지금은 이름조차 떠오르지 않는 사람
그러나 윤회의 인연 속에 이름도, 모습도
기억나는 사람으로 남고 싶었던 지나온 삶
내 이름 석 자를 기억해 주는 고마운 사람이 있다니

돌고 도는 것이 인간 세상사라지만
만나고 헤어짐에 다시 재회를 하기엔
우리 곁을 지나는 수많은 인연들이
그저 스치는 옷깃이라 여기며 살아가기에

아무런 기약도
다시 만나자는 언질도 하지 않았지만
세월이 흐른 뒤 인연의 그 끝을 잡고

반가운 악수를 나눌 수 있다는 기쁨을 알았기에
어느 인연이라도 소홀 할 수 없음을
이제야 깨달아 가는 지천명이 어느덧 되어 있구나.

사랑 그 쓸쓸함에 대하여

사모하는 마음
이제 가을이 오므로 가슴에 물들이고
랑만으로 향한
낙엽 길 밟으며 추억에 젖어들 그 시간
그 소중한 나의 삶
이제 서서히 연극 무대에서 사라지려 함에
쓸쓸히 홀로 남을
기나긴 나의 인생의 쉼터 나의 사랑이여~
쓸쓸히 낙엽에 덮여
홀로 불 밝힐 그대의 가로등 또한 긴 그림자 남기며
함박 미소를 띄우며
걸어가는 다정한 연인들을 시샘을 하려 하나니
에이는 그리움에 지쳐
허덕이는 혼자라는 몸부림은 이제 뒤안길에 남기리
대단원의 서막은
커튼콜 박수를 고대하며 운명이라 여기겠지
하염없는 감사의
눈물은 오롯이 그대 향한 사랑으로 남겨두고
여기 황혼을 보며
걸어가는 나그네는 그대의 따뜻한 포옹을 기다립니다.

해설

존재와 시간의 함수관계 그 진실

홍대식 시집 『매화나무 그늘에서』

김 송 배
(시인. 한국문인협회 부이사장)

1. 자아 인식과 '나'에 관한 해법

현대시의 경향은 대체로 '나'에 관한 인식을 통해서 지향하고자 하는 주제를 투영하는 것을 기본으로 설정하거나 자아에 대한 성찰을 통해서 '나'의 존재에 대한 확연한 시적 신뢰를 구축하는 시법으로 발현되고 있다.

이러한 작금(昨今)의 경향은 우리의 대다수 시인들이 시도했거나 현재 진행형으로 지속적으로 선호(選好)하고 있어서 별로 다른 의미를 부여하지는 않는다. 다만, 새로운 주제의 창출(創出)을 위한 실험이나 모험을 찾을 수 없다는, 말하자면 현재에서 정지 상태를 유지하려는 안주(安住)의 시적 감성을 자주 읽을 수 있다는 혹자들의 언설(言說)이다.

우리 현대시가 소재의 취택이나 주제의 투영 그리고

표현 방법에서 현격하게 발전적인 요소로 안정적인 시법으로 창작하고 있다는 고무적인 경향도 많이 살펴볼 수가 있는데 이는 우리의 생활 상황이나 사유(思惟)의 범주(範疇)가 그만큼 확대되었다는 반증(反證)이다.

여기 혜송(慧松) 홍대식(洪大植) 시인이 상재하는 첫 시집『매화나무 그늘에서』는 우선 그의 진솔한 인생론을 대할 수가 있어서 그가 지향하는 시적 정신이 무엇인가를 살펴볼 수가 있다. 그는 '시인의 말'에서 '인생과 삶의 절정에 이른 시기지만 나이가 들어감을 후회하지 않도록 더 늦기 전에' 글을 쓰기 시작한 것이 지금 이 시집을 상재할 수 있는 분량과 함께 성숙된 그의 자아 인식이 명징(明澄)하게 발현되고 있음을 간과(看過)할 수 없다.

이 시집에서는 몇 가지로 분류하여 그 주제별로 읽어보면 먼저 자아의 인식과 여기에 부수적으로 동행하는 시간성을 확인할 수 있으며 다시 이 자아와 시간이 융합하거나 조화를 통해서 발생하는 '그리움'에 관한 언술이 많이 형상화하고 있으며 마지막으로 자연과 동화(同化)한 서정적 사유가 넘치고 있음을 알 수 있다.

비오는 거리를 하염없이 바라만 보고 서 있다
누구를 기다려 서성이고 있는 것도 아니건만
휑한 거리 어디로 가야 하나?

오늘도 지친 영혼, 지친 몸을 이끈 무게 받친 두 다리

발걸음이 향하는 곳은 그 누구를 찾으려 함인가
알 수 없는 고갯짓은 상념을 털어버리듯...
은근한 기대감마저도 내리는 소나기는 용서를 안 하고
묵은 때 씻기우듯 몸을 적시고 또 적시어도
나 몰라라 하는 방황의 끝은 알 수 없어

거침없이 달려왔던 지난날의 청춘세월
젊음이란 피 끓음은 자유를 잃어버리고
이렇게 반백의 머리와 몸은 지쳐만 가는 건지...

이유와 회한을 묻어 버리기엔 마음의 상처는 커서
지나는 이름 모를 행인에게 길을 묻듯 물어본다
나!! 지금 어디로 가야만 하는 가를...

--「비 오는 거리」전문

홍대식 시인은 '나' 라는 시적 화자(話者-persona)를 작품 중심에 설정하고 자아 인식의 근원으로 실재(實在) 자신과의 동일감각으로 작품을 형상화하고 있어서 더욱 친밀감을 유로(流路)하고 있다. 이 작품에서도 '나' 라는 화자가 '휑한 거리 어디로 가야 하나?' 라는 의문형으로 먼저 자아에 대한 행방을 우리들에게 묻고 있다.

그는 다시 '오늘도 지친 영혼, 지친 몸을 이끈 무게 받친 두 다리 / 발걸음이 향하는 곳은 그 누구를 찾으려 함인가' 라고 현재 실상의 '나' 는 영육(靈肉)이 모두 지쳐있는 상태로 그 누구를 찾'기 위해서 고행(苦行)을 하고 있는가를 명확하게 확인하려 하고 있어서 그가 구현하려는 진실은 현실과 괴리(乖離)되어 있는 내면의 정신적인 진실을 탐색하기 위한 해법을 적시(摘示)하고 있다.

그에게는 진정한 '나' 를 위해서 상당한 고뇌와 갈등을 동반하지 않으면 안된다. 그는 이러한 모든 방해요소들을 융화하기 위해서 마지막 결론처럼 '이유와 회한을 / 묻어 버리기엔 마음의 상처는 커서 / 지나는 이름 모를 행인에게 길을 묻듯 물어본다 / 나!! 지금 어디로 가야만 하는 가를... ' 하고 풀리지 않는 실생활(real life)에서 야기(惹起)하는 지적(知的)인 고뇌를 '비오는 거리' 의 이미지에서 탐구하고 있다.

그다지 길지도 않게
살아온 인생길이라
누구에게도 한번 물어 보지 않았건만
바르게 걸어가는 거냐고?
지금 걸어가는 길이
진정 옳게 걸어가고 있는 거냐고?

—「이제서야!」중에서

무 엇 이?

왜?
이토록 처절한 몸부림속의 물음은
자아의 방랑, 정착 없는 고달픔
누군가의 곁에 떠돌기만 하는
나 혼자만의 서러움이련가.

--「고독」중에서

무엇을 하여야 할까?
어떻게 살아야 하나?
삶이 무에고, 인생이 무엇이더냐?
이 중년의 나이에…

--「내일」중에서

보라. 여기에서도 인생('나')에 관한 의문은 계속된다. 홍대식 시인이 추구하는 인생관에 대한 해법을 지속적으로 탐구하고 있다는 점을 유념하게 된다. 어쩌면 소재나 언술들이 너무 관념에 치우쳐져서 실재의 '나'와 혼동할 수도 있겠으나 모든 문학의 발상이나 동기는 어차피 '나'의 인식과 사유의 향방(向方)에서 창출되는 것이기 때문에 크게 염려할 일은 아니지만, '바르게 걸어가는 거냐고? / 지금 걸어가는 길이 / 진정 옳게 걸어가고 있는 거냐고?' 라거나 '자아의 방랑, 정착 없는 고달픔 / 누군가의 곁에 떠돌기만 하는 / 나 혼자만의 서러움이련가.' 혹은 '무엇을 하여야 할까? /

어떻게 살아야 하나? / 삶이 무에고, 인생이 무엇이더냐?' 라는 어조(語調-tone)와 같이 너무 진솔한 그의 심경에서 '나'의 진정한 가치관을 탐색하는 그의 진실을 이해하게 된다.

이 밖에도 홍대식 시인이 탐구하려는 '나'에 관한 해법으로 적시하는 자아 인식의 이미지는 많은 작품에서 확인할 수 있겠다. 특히 작품 「나! 여기에」「내 그림자」「인생여정」「세상살이」등에서도 그가 간절하게 현현하려는 '나'에의 현명한 인식과 그 해법을 하나의 고뇌로 헤쳐 나가고 있다.

2. '세월의 잔상'과 화해의 인생론

홍대식 시인의 절박한 다른 하나의 문제는 지금까지 살펴본 '나'와 동행하는 시간성에 관한 민감한 반응이다.

시계초침 재깍재깍
세월의 흐름을 알리우고

간간히 저 멀리서
뜀박질 하듯 들려오는
숨 가쁜 호흡소리

속절없이 흘러가는

세월의 야속함은
시간 속 허공에 멈추어진 채

의절하고 지나온
유년시절 애달파 하는
하소연은 삶의 마감을 재촉하고

향기만은 어린 시절
동심과 같고
천진스런 아가의 모습은
머릿속에 여전한데

기약 없는 나의 약속은
시간을 되돌리기엔
너무나 멀리 와 있구나.

——「시간 속의 향기」전문

그렇다. 그는 이 시간을 통해서 '속절없이 흘러가는 / 세월의 야속함은 / 시간 속 허공에 멈추어진 채' 자신의 인생관과 가치관을 재정립하려는 욕구에 대해서도 의문의 언어를 분사(噴射)하고 있다. 그가 결론을 제시한 '기약 없는 나의 약속은 / 시간을 되돌리기엔 / 너무나 멀리 와 있구나.' 에서 우리는 그에게 잠재(潛在)한 시적 원류에서 풍겨나온 '시간 속의 향기'를 접할 수 있게 한다.

우리의 현대시는 흔히들 시인의 체험론을 자주 거론하는데 이는 그 시인이 살아온 체험에서 시적 발상과 주제까지도 천착(穿鑿)하는 것이 통상적인 시법의 보편성이다. 이러한 체험에서 추출한 진실이 이미지로 혹은 주제로 현현되는 시법을 보게되는데 '유년시절 애달파하는 / 하소연은 삶의 마감을 재촉하고 // 향기만 있는 어린 시절' 이라는 회상(回想)을 통한 현재의 실상과의 비교된 성찰의 의식으로 나타나고 있다.

인생을 논하고, 사랑을 목말라 하면서
삶에 애착과, 고달픔에 서러움조차
목울대에 걸려 토해내지 못하는
중년이란 아픔의 방랑자 우리는 어디로 가는가?

--「어디로 가는가」중에서

홍대식 시인은 의식은 위와 같은 흐름으로 보아서 '인생' 과 '사랑' 그리고 '삶의 애착' 등 다양한 사유(事由)들이 '중년이란 아픔의 방랑자' 로 떠돌고 있다. 그래서 그는 '우리는 어디로 가는가?' 라는 의문으로 '못난 인생 여정' 으로 부정적인 결론을 적시하고 있다.

그는 다시 '삶에 무게와/ 인생의 무게를 느낄 때가 되어서야 / 이제사 세상이 이런 것이구나!! / 그 삶의 질곡 속에 / 벌써 흐르는 세월이 나를 업고 가는 구나!!(「흐르는 세월」중에서)' 라는 어조와 같이 '이제사' 라는 부사(副詞)로 '나' 를 인식하게 된다. 그의 시간성에 대해서는 대체로 다음과 같이 집대성할 수 있을 것이다.

- 면죄부란 삶에는 주어지지 않는다 / 나의 온 마음과 정성으로 / 행복을 찾고 지켜 가야하는 미래만이 있기에...(「내일이 오면」중에서)
- 늘어진 세월이 가련한 연민이라면 / 하늘의 푸르름은 찬란한 청춘이였기에 / 사랑의 그 리움을 담아 주었지(「하늘바다」중에서)
- 돌아다 볼 시간도 없이 / 훌쩍 지나버린 바쁜 세월 속에서도 / 때때로 잊혀지지 않는 사람들이 있다(「돌고 돌아」중에서)
- 시간의 흐름이 멈추어진 / 퇴색된 사진 한 장에 미소 띤 얼굴하나(「다시 온다면」중에서)
- 의미는 산다는 삶 자체 / 그 속에서 행복을 찾으며 / 걷고 걷다 보면 어느새 다다르는 목적지(「인고의 세월」중에서)
- 한없는 지나온 시간들을 / 다만 아픔이라고만 여기지 않고(「감사한 하루」중에서)
- 지나간 세월의 잔상 속에 잊혀져가야만 할 망각의 한(「간절한 기도」중에서)
- 가는 세월 속에서도 느껴지던 님의 고운 숨결은 / 잠 못 드는 이 밤에도 소리 없이 내게로 다가오고(「멀리 가는 향기」중에서)
- 살아가고 / 또 살아 가야할 삶의 세월(「홍제천 길을

걸으며」중에서)

3. 그리움의 원천인 '나와 그대'

홍대식 시인이 추구하는 또 하나의 진실이 있다. 이는 '나'와 '시간'에서 창출된 이미지로서의 '그리움'이다. 그는 이 '그리움'의 대상으로 '그대'라는 화자와 '아버지'와 '어머니' 등 가족들로 대별하게 되는데 그의 시적 어조는 너무나 진지하면서도 애절한 정감이 풍기고 있다.

나_.
이제 그대를 바라보는 눈이 생겼다
마음과 가슴으로
물밀듯이 다가오는 느낌만으로
그대라는 것을 알기에

그대_.
이제 믿음이란 소중함을 알리라
마음과 가슴으로
파도에 일렁이는 물거품이 아니라
나 하나라는 이유를 알기에

나와 그대_.

이제 우리라는 사랑이 생겼다
마음과 가슴으로
인연의 실타래 한올 한올 풀어가듯
행복이란 작은 성으로 함께 갈 수 있기에...

--「나와 그대」전문

홍대식 시인의 심저(心底)에는 먼저 '나'가 '이제 그대를 바라보는 눈이 생겼다'는 인식과 함께 '그대'의 '믿음이라 소중함'을 인식하게 된다. 그리하여 '그대와'는 '우리라는 사랑'을 그리고 '행복이란 작은 성으로 함께 갈 수 있'게 된 것이다.

이러한 그의 심지(心地)에는 다변적이면서도 적나라(赤裸裸)한 그의 속마음을 후련하게 털어놓고 있다. 결국 '그리움=사랑'이라는 등식을 성립시키면서 '그대'에게 사랑의 메시지를 계속해서 타전(打電)하고 있는 것이다.

그는 '속박처럼 피어나는 열망과 욕망에도 / 언제나 자제라는 허울 속에 / 다하지 못했던 그대와 나의 사랑다툼(「그대 가슴 속에」중에서)'이라거나 '구월이 오면 / 이제 사랑의 노래를 부른다 / 그대와 나 한 마음으로 / 영원히 잊지 말자 맹세의 나무 아래서 하트를 그리며...(「구월의 노래」중에서)'라는 간절한 소회(所懷)를 절규하듯이 분사하고 있다.

이러한 '그리움'의 진원지는 그에게 내재되어 있는

정서의 한 축(軸)이 그의 진정한 대상으로 형상화하면서 그의 여망과 기원이 함축된 시법을 통해서 분출하는 과정을 간과할 수 없을 것이다. '그리움 한 자락 남기시려면 / 떠난다 하지마시고 / 길 떠난 철새처럼 다시 오마 기약을 남기소서' 라거나 '슬픈 이별은 흐르는 강물에 띄워 보내소서' 그리고 '길가다 문득 보고파지면 / 아련한 추억에 젖어 / 그대라는 이름을 부르고 또 부르리다.(이상「그대로 머물길」중에서)' 와 같은 어조로 우리들의 공감을 유로하고 있다.

이처럼 '그리움' 에 대한 표상(表象-외적 자극과는 관계없이 과거의 경험에 기초하여 구체적. 감각적으로 마음속에 재생되는 심상(心象))은 작품「후회」「너의 미소」「이별의 그 끝은」「파초의 꿈」「그대가」「사랑 그 쓸슬함에 대하여」「반가움과 그리움」등에서 이를 확인할 수 있을 것이다.

이리도 명줄이 길기도 길구나
한숨으로 흘러내리는 땀방울 훔치고 나니
휘 몰아치는 비바람에 잠 못 들고
부러진 곡괭이 자루 둘러메고 밭고랑에
턱 괴고 눈물 훔치시던 생전의 아버지 모습

밭에는 이제 푸릇이 내민 보리순에
종달새 지지배배 우는 봄이 오고
내 새끼 배부르게 어서 자라다오 거친 손 모은

눈물조차 속내로 갈무리 하신 어머니
깨진 바가지에 식은 보리밥 한 덩이가 너무도 애닯어라.

--「보리밭」중에서

홍대식 시인의 '그리움'은 이렇게 '아버지'와 '어머니'에게 집중되는 것은 위에서 언급한 '그대'와 대칭적인 개념으로 이해할 수 있다. 그는 '턱 괴고 눈물 훔치시던 생전의 아버지 모습'이나 '눈물조차 속내로 갈무리 하신 어머니'에서 시적으로 설정한 상황(situation)은 육친(六親)에 대한 정의(情誼)가 바로 그의 체험속에서 숙성된 이미지로 승화하고 있는 것이다.

그는 이 '보리밭'이라는 사물에서 창출한 이미지는 그가 영원토록 잊지 못할 오매불망(寤寐不忘)의 진실이며 그가 시정신(poesie)으로 구축한 그의 진실임을 이해하게 된다.

그는 '자식걱정, 끼니걱정 설움에 백발 되고 / 병석에 계실 적엔 그렁그렁 눈물 맺혀 / "불쌍한 우리자식 어이 살꼬..." // 그렇게 자식 효도 못 받으시고. / 그렇게 바쁘게 가셨나요? / 어 머 니!(「어머니」중에서)'라는 어조에서 우리는 그가 '어머니'에 대한 보편성에 절규하는 시적 진실이 명민(明敏)하게 분사하고 있다.

이러한 '어머니'에 관한 시적 언술은 '유유히 흐르는 영상 속엔 / 우물물에 비추어진 두레박 끌어 올리던 / 고왔던 어머님 모습(「고유 명절」중에서)'과 이 시집의

표제시(標題詩)가 되는 「매화나무 그늘에서」중에서도 '나의 사랑과 아픔을 함께 / 가지고 훨훨 나비처럼 떠나버린 / 백발의 고운 모습이 // 무디어지는 삶의 진통에도 / 이맘때면 울컥 / 가슴을 모질게도 시리게 하시던 어머니' 라는 정감이 '그리움' 으로 현현하고 있다.

4. 서정적 자연관과 시적 진실

홍대식 시인의 정서나 시정신에는 친자연적인 주제의 투영을 배제하지 못하는 천성적인 서정시인이다. 어쩌면 우리 시인들은 모두가 서정적 자아를 통해서 작품을 완성한다. 그러나 이 서정적 자아는 일반적으로 하나의 생각, 하나의 비젼, 하나의 무드, 하나의 날카로운 정서에서 출발한다는 고 김준오 교수(문학평론가이며 부산대 교수였다.)의 『詩論』에서 언급한 바와 같이 자기 동일성(serf identity)의 과정 그러니까 인생(혹은 인격이나 개성 등)의 형성이 서정시(lyric)의 본령(本領)이라고 할 수 있다.

그에게서는 이러한 서정성은 소재(material)에서부터 주제(thema)에 이르기까지 자신의 개성이 인본(人本)과 자연을 상호 교감하면서 작용하는 특성을 읽을 수 있다. 신라의 향가와 이조시대 정형시(시조)들이 좋은 서정시에 속하나 현대에서는 현실의 복합적인 구조에서 창출하는 일반 서정성을 지칭하고 있다.

북한강 바라보며
어디로 가는 물인지
가는 곳 물어보고

한숨어린 인생여정
운무 속을 헤메이듯
갈 곳 몰라 서러워라

강물의 무심함은
거침없이 제 갈 길로 흐르건만

에이는 겨울 찬바람에
오롯이 서 있는 강가의
마른 고목은

서 있기조차 버거운
세상살이에 힘겨워 하는 나와 같구나.

——「북한강에서」전문

이 작품에서 보는 바와 같이 '북한강' 이라는 소박하고 평범한 주변의 소재에서도 '한숨어린 인생여정' 이나 '세상살이에 힘겨워 하는 나와 같구나' 등을 주제로 형상화하고 있다. 이러한 언술은 홍대식 시인이 구현하는 하나의 날카로운 정서에서 출발하는 서정적 자아의 탐색이라고 할 수 있다.

그는 '서 있기조차 버거운 / 세상살이에 힘겨워 하는 나와 같구나.' 라는 어조와 같이 실생활에서 획득한 부조화(不調和)들이 비평적인 언어로 분사하는 것은 서정시의 기능을 다하는 자아형성의 방식이라고 할 수 있다.

이와 같은 시법은 '포구에 오고 가는 사람들은 / 정과 사랑을 들고 나는데 / 외로이 닻을 내린 빈 배는 나와 같아라(「황포 돛대」중에서)' 와 '꿈속에서의 아름다움 끝으로 / 찢어지는 비명으로 고통을 참아내는 나(「장미」중에서)' 와 같이 '나' 와 자연이 교감함으로써 자아형성의 진실이 홍대식 시인의 심중(心中)과 동일성으로 분사하고 있다.

개울가에 휘 늘어진 버들가지는
봄이 가는 세월에 허리 휘고
햇살 가득 고운 미소는 처녀의 심금을 울리나니
나물 캐는 바구니엔 춘심을 담았는가
나풀나풀 나비 쫓아 사랑을 탐을 내네

이 작품「개나리 처녀」중에서는 자연 정경을 통해서 아름다운 시심(詩心)을 우리들에게 메시지로 전달하여 봄처녀의 심성(心性)과 시적 상황(봄)이 한 폭의 풍경화처럼 펼쳐지고 있다.

그는 다시 '자유로운 계절은 거침이 없고 / 인간의 한계는 자연이 주는 선물에 / 감동으로 화답을 하지 // 연리지 나무도 대 자연에 순응을 배우고 / 마음을 비우려 애쓰는 인간은 / 한갖 미풍에도 서러움을 느끼지(「자연 동화」중에서)' 라는 어조로 자연과의 동화를 정감으로 음미(吟味)하고 있다.

현대시학에서 이러한 자연과의 동화(同化-assimilation)는 흔히들 감상적인 오류(誤謬)라는 표현으로 시인이 자연을 자신의 내면으로 흡인(吸引)하여 그것을 내적 인격화하는 시법이 있으며 반대로 투사(投射-project)의 원리로써 자연 속에 자신을 상상적으로 투여해서 '자연 사물=나' 라는 등식으로 교감하는 두 가지의 낭만적 자연관이라고 한다.

홍대식 시인은 이러한 비정적(非情的) 타자성(他者性)이라고 정의하는 자연의 인격화에 남다른 시적 관심을 가지고 있다. '화선지 여백을 채우는 간결한 마음 / 눈과 비와 꽃을 수놓은 대지의 화폭에 / 한 마리 나비와 벌로 가만히 내려 앉으리.(「자연 동화」중에서)' 라는 동화와 '그대 추위에 몸지쳐, / 나에게 오심이 무척이나 더디더니 / 삼월이 가면 춘풍에 몸 실어 / 사월의 꽃처럼 나에게 어서 오서소.(「삼월이 가면」중에서)' 라는 투사의 시법으로 자연과의 일체감을 적시하고 있다.

이 밖에도 그는 많은 시편에서 친자연적인 정감으로 작품을 형상화거나 자신의 인격화에 심혈(心血)을 기울이고 있다. 작품 「봄의 길목」「봄꽃 지는 사월」「영산홍 피고지고」「청매화」「사계찬미」「꽃」등에서 자연의 향취(香臭)에 흠뻑 젖을 수가 있을 것이다.

이제 혜송 홍대식 시집『매화나무 그늘에서』읽기를

마무리해야겠다. 그가 외적인 사물이나 현상들에게서 감지되고 포용한 체험들이 내적으로 긍정하면서 삶과 '나' 에 대한 존재의 인식을 통해서 자아를 성찰하는 보편적인 사유이지만, 그가 설정한 '그리움' 의 진원지의 탐색과 친자연적인 서정성을 높이 평가하게 된다.

그는 이미 '시인의 말' 에서 천명(闡明)했듯이 '매화꽃이 필 때면 오랜 병상에서 고생을 하시다 떠나가신 어머니의 하얀 머리결이 생각이 나고 그 꽃이 질 때면 효도 한번 제대로 하지 못한 채 보내드린 자식의 마음이 많이도 에리고 아파하며 남모를 속내에 그늘로 숨어 보는 못난 자식이었기에 가슴에 새겨 두었던 꿈을 다시금 꺼내어 이제서야 그 지난 시절을 되돌아보고 아쉬움과 그리움, 그리고 고뇌에서 느꼈던 글들을 하나둘 모아 갈증을 풀어내 본 부끄러운 작품집을 만들어 보았습니다.' 라는 진솔한 심경과 거기에 포괄한 진실이 바로 홍대식 시학의 원류가 될 것이다.

그러나 의식의 흐름(stream of consciousness)이 너무 관념 일변도로 흘러버릴 우려도 있다. 외연(外延)과 내포(內包)가 조화를 이루면서 궁극적으로 적시하고자 하는 진실이 주제의 창출로 이어져야 한다. 시는 오로지 삶을 정지시키고 기쁨과 아픔의 변증법을 즉석에서 삶으로써만 삶 이상의 것이라는 철학자이며 시인인 가스통 바슐라르의 「시적 순간과 형이상학적 순간」의 논지(論旨)를 경청할 필요가 있을 것이다.

첫 시집 출간을 진심으로 축하한다.